こだわりのパターンと
テクニックで作る
きれいな服

はじめに

今日は何を着ようかとクローゼットを開ける
シンプルすぎる色気のない服・服・服
ここのところ少々あきてきた
元気をくれる、きれいになれる服を
着てみたくなった

ギャザーたっぷりのワンピースにスカートなど
ながーい丈が好きなのでロングにしたが
自分好みの丈で作ってほしい
それなりにサマになるデザインだから

細部にこだわったパターンと
わかりやすさを追求した作り方
ビギナーさんにも楽しめるように

香田あおい

lesson 1
フリルカラー p.3

lesson 1 基本　　p.4
lesson 1 A　　　p.5
lesson 1 B　　　p.6
lesson 1 C　　　p.7
lesson 1 D　　　p.8

lesson 2
カシュクール p.9

lesson 2 基本　　p.10
lesson 2 A　　　p.11,12
lesson 2 B　　　p.13
lesson 2 C　　　p.14

lesson 3
オフネック+リトルスリーブ p.15

lesson 3 基本　　p.16
lesson 3 A　　　p.17
lesson 3 B　　　p.18
lesson 3 C　　　p.19

lesson 4
ハイネック p.41

lesson 4 基本　　p.42
lesson 4 A　　　p.43
lesson 4 B　　　p.43
lesson 4 C　　　p.44

lesson 5
アームホールにタック p.45

lesson 5 基本　　p.46
lesson 5 A　　　p.47
lesson 5 B　　　p.47
lesson 5 C　　　p.48

lesson 6
キュロット p.65

lesson 6 基本　　p.66
lesson 6 A　　　p.67
lesson 6 B　　　p.68
lesson 6 C　　　p.68

lesson 7
ギャザースカート p.69

lesson 7 基本　　p.70
lesson 7 A　　　p.71

lesson 1

フリルカラー

細かいフリルのように見える衿もとは、
通したひもを絞ってギャザーを寄せるだけの、
イージーテクニックで作ります。
だから衿のあきぐあいも好みで調整可。

lesson 1　基本

フリルカラーのブラウスはリネン。広がった袖は、着やすくて縫うのが楽なラグランスリーブ。後ろは、スリットをあけて通したひもをリボン結びに。
→ p.21

lesson 1　A

基本と同じパターンで、袖口にも甘さをプラス。
ゴムテープを伸ばしながらたたきつけてフリル袖
にしました。気持ちがはずむ、きれいな色のリネン。
→ p.24

lesson 1 　B

ブラウスの丈をのばしてワンピースに。衿ぐりを大きめにあけて着こなしたら、エレガントな表情に。さっぱりしたリネンのストライプで。

→ p.26

lesson 1 　C

秋冬のワンピースは、ベーシックなサキソニー。衿を白い繊細なリネンにしたら、スクールウェアのような清潔感が。
→ p.26

lesson 1　D

前中心をスラッシュあきにしました。ウエスト位置にシャーリングテープをたたいてブラウジングさせて、コンサバティブで着やすいリネンのブラウスに。
→ p.25

lesson
2

カシュクール

バレエレッスンでレオタードに重ねて着る上着のように、
エレガントに打ち合わせるデザインが不変の人気。
ここではゆったりしたフォルムにして、
いろいろな着方を楽しみます。
縫うのが楽なドルマンスリーブもうれしい。

lesson 2 　基本

ややハイウエスト位置で切り替えて、たっぷりのギャザーを寄せたふわっと着るブラウス。ドットを織り柄で表現したナチュラルホワイトのリネン。

→ p.28

lesson 2 　A

あえて着丈を長くしたワン
ピースにしました。ダーク
カラーのリネンでリゾート
でも楽しめそう。
→ p.28

Aをコート代りにした着こなし。前を打ち合わせないで、ゆったりとひもを結びました。シンプルなインナーに重ねて。

lesson 2　B

秋冬用の素材、コットンコーデュロイで同じパターンを使ったワンピースを。素材のボリューム感が違った雰囲気に見せています。

→ p.28

lesson 2　C

カシュクールの前身頃パターンをアレンジして。Ｖネックのオフシルエットが楽々なワンピースはリネンで。
→ p.32

lesson
3

オフネック＋リトルスリーブ

ネックポイントが首からほんの少し離れているだけで、
着る人を華奢に見せてくれます。
小さな袖は、シンプルなものとフリル袖2種、
3つのパターンがついています。
好きな組合せで作ってください。

lesson 3 基本

袖山のスリットで動きを出した、華やかなフリルスリーブのブラウス。後ろの裾を長く、脇でスリットを入れたメリハリのあるデザイン。元気カラーのリネンで。

→ p.35

lesson 3   A

基本の後ろ身頃に合わせて丈を決めたブラウス。袖はあきのないフリルスリーブです。上質感のあるリネンのジャカード。
→ p.38

lesson 3　B

ウールでよく見かけるようなやや厚手のジャカードは、リネンとコットン製。切替え線のように見えるまっすぐな袖をつけたワンピース。
→ p.39

lesson 3 C

ジャケットにもふさわしい、重厚感のあるウールシャギーで冬のワンピース。ナイロンの混ざった素材は、きれいな光沢があります。
→ p.40

lesson 1 基本 p.4
ブラウス

衿ぐりに通したひもでギャザーを寄せるフリル衿なので、衿の幅は布地の厚さに合わせて加減するといいでしょう。

◆ 出来上り寸法
* ゆき丈はひもでギャザーを寄せる前の寸法
7号… バスト114cm／着丈66cm／ゆき丈約81cm
9号… バスト118cm／着丈66cm／ゆき丈約82cm
11号… バスト122cm／着丈66cm／ゆき丈約83cm
13号… バスト126cm／着丈66cm／ゆき丈約84cm
15号… バスト131cm／着丈66cm／ゆき丈約85cm

◆ パターン（1面）
1 後ろ身頃　1 前身頃　1 袖　1 衿　1 後ろあき見返し
* ひもは裁合せ図の寸法で直接布を裁つ。

◆ 材料
表布　リネン…150cm幅 1m60cm
接着芯…10 × 20cm

◆ 準備
後ろあき見返しの裏面に接着芯をはり、外回りの縫い代端にジグザグミシン（またはロックミシン）をかける。

◆ 縫い方順序
1．後ろあきを作る。
2．脇を縫う。
3．袖を作る。
4．袖をつける。
5．衿を作る。
6．衿をつける。
7．裾の始末をする。
8．ひもを作って衿ぐりに通す。

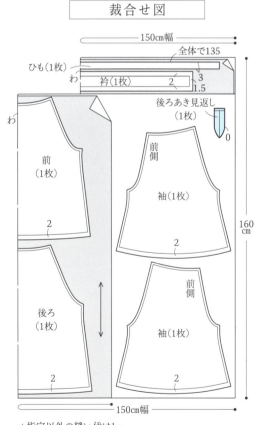

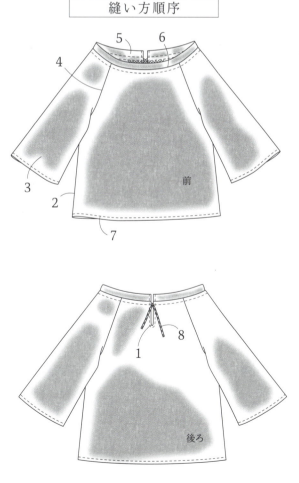

1 後ろあきを作る

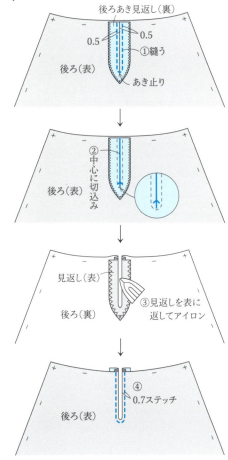

3 袖を作る

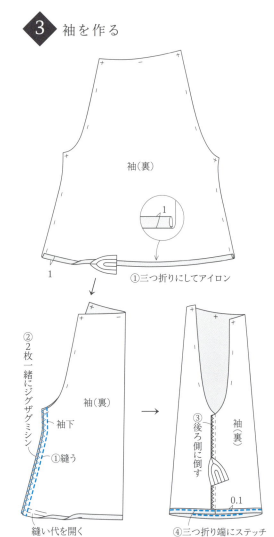

2 脇を縫う

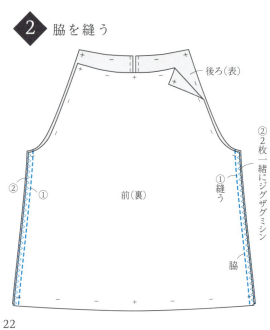

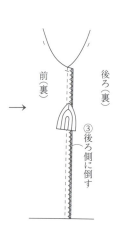

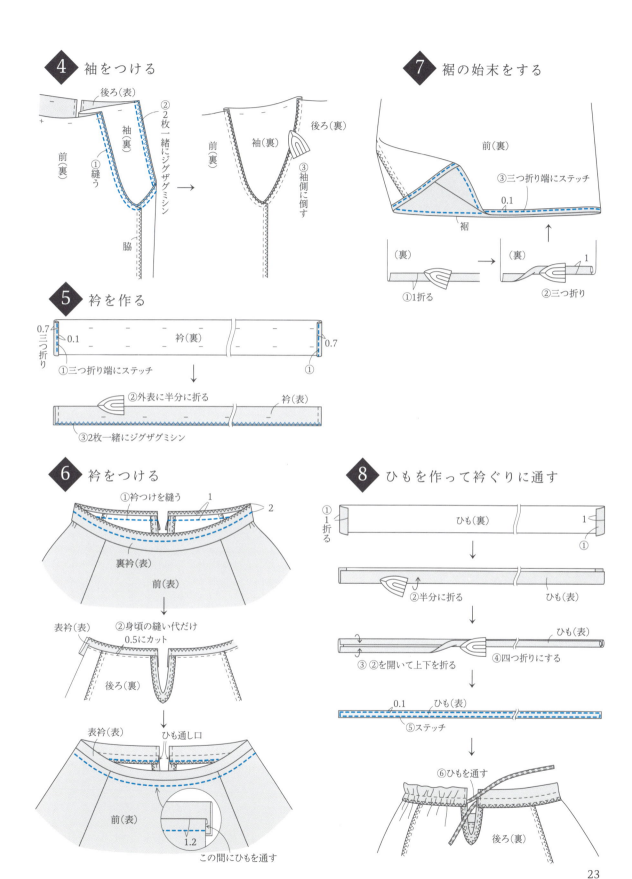

lesson 1A p.5

ブラウス

◆出来上り寸法
*ゆき丈はひもでギャザーを寄せる前の寸法
7号…バスト114㎝／着丈66㎝／ゆき丈約81㎝
9号…バスト118㎝／着丈66㎝／ゆき丈約82㎝
11号…バスト122㎝／着丈66㎝／ゆき丈約83㎝
13号…バスト126㎝／着丈66㎝／ゆき丈約84㎝
15号…バスト131㎝／着丈66㎝／ゆき丈約85㎝

◆パターン（1面）
1後ろ身頃　1前身頃　1袖　1衿　1後ろあき見返し
*ひもは裁合せ図の寸法で直接布を裁つ。

◆材料
表布　リネン…150㎝幅 1 m 60㎝
接着芸…10×20㎝
ゴムテープ…1㎝幅 7・9号 27㎝／11・13号 28㎝／
　　　　　15号 29㎝を各2本

◆準備
後ろあき見返しの裏面に接着芯をはり、外回りの縫い
代端にジグザグミシン（またはロックミシン）をかける。

◆縫い方順序　★は基本（p.22〜23）を参照
1．後ろあきを作る。★
2．脇を縫う。★
3．袖を作る。→図
4．袖をつける。★
5．衿を作る。★
6．衿をつける。★
7．裾の始末をする。★
8．ひもを作って衿ぐりに通す。★

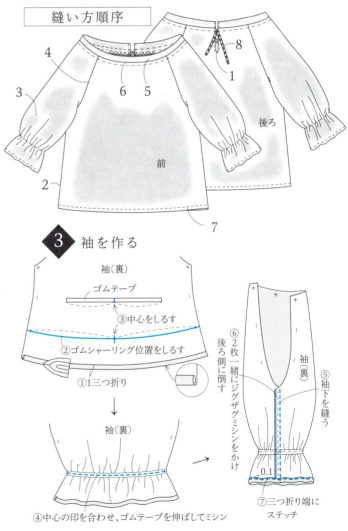

*指定以外の縫い代は1㎝
*▨接着芯をはる位置

lesson 1 D p.8

ブラウス

◆出来上り寸法
＊ゆき丈はひもでギャザーを寄せる前の寸法

7号… バスト114cm／着丈66cm／ゆき丈約81cm
9号… バスト118cm／着丈66cm／ゆき丈約82cm
11号… バスト122cm／着丈66cm／ゆき丈約83cm
13号… バスト126cm／着丈66cm／ゆき丈約84cm
15号… バスト131cm／着丈66cm／ゆき丈約85cm

◆パターン（1面）
1 後ろ身頃　1 前身頃　1 袖　1 衿　1 前あき見返し
＊ひもは裁合せ図の寸法で直接布を裁つ。

◆材料
表布　リネン…135cm幅 1 m 60cm
接着芯…10×20cm
シャーリングテープ…1cm幅7号73cm／9号77cm／11号81cm／13号85cm／15号90cm
ゴムテープ…0.7cm幅7・9号25cm／11・13号26cm／15号27cmを各2本

◆準備
前あき見返しの裏面に接着芯をはり、外回りの縫い代端にジグザグミシン（またはロックミシン）をかける。

◆縫い方順序　★は基本（p.22～23）を参照

1. 前あきを作る。★（後ろあきの作り方と同じ）
2. 脇を縫う。★
3. 袖を作る。★ただし袖口の三つ折り端にステッチをかけるときに、ゴムテープ通し口を1.5cmぐらい縫い残す。
4. 袖をつける。★
5. 衿を作る。★
6. 衿をつける。★
7. 裾の始末をする。★
8. ウエストにゴムシャーリングをする。→図
9. ひもを作って衿ぐりに通す。★
10. 袖口の三つ折りにゴムテープを通す。ゴムテープの端は2cm重ねて縫いとめる。

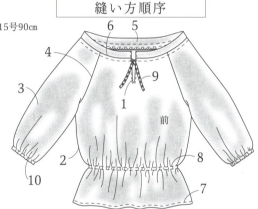

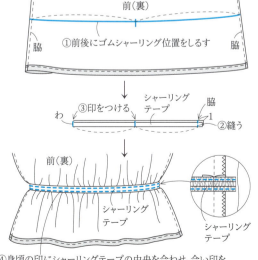

lesson 1 B・C p.6, 7

ワンピース

◆出来上り寸法
＊ゆき丈はひもでギャザーを寄せる前の寸法

7号… バスト 114cm／着丈 115cm／ゆき丈約 81cm
9号… バスト 118cm／着丈 115cm／ゆき丈約 82cm
11号… バスト 122cm／着丈 115cm／ゆき丈約 83cm
13号… バスト 126cm／着丈 115cm／ゆき丈約 84cm
15号… バスト 131cm／着丈 115cm／ゆき丈約 85cm

◆パターン（1面）
1 後ろ身頃　1 前身頃　1 袖　1 衿　1 後ろあき見返し
＊ひもは裁合せ図の寸法で直接布を裁つ。

◆材料
表布
B　リネン…150cm幅7・9号2m10cm／11号2m20cm／13・15号2m30cm
C　ウール…148cm幅 2 m 40cm
別布　リネン（Cのみ）…140cm幅20cm
接着芯…10 × 20cm
バイアステープ（両折りタイプ、袖口の当て布）…1.2cm幅 1 m 10cm
ゴムテープ…0.7cm幅7・9号27cm／11・13号28cm／15号29cmを各2本

◆準備
後ろあき見返しの裏面に接着芯をはり、外回りの縫い代端にジグザグミシン（またはロックミシン）をかける。

◆縫い方順序　★は基本（p.22 ～ 23）を参照
1．後ろあきを作る。★
2．脇を縫う。★
3．袖を作る。→図
4．袖をつける。★
5．衿を作る。★
6．衿をつける。★
7．裾の始末をする。★
8．ひもを作って衿ぐりに通す。★
9．袖口にゴムテープを通す。→図

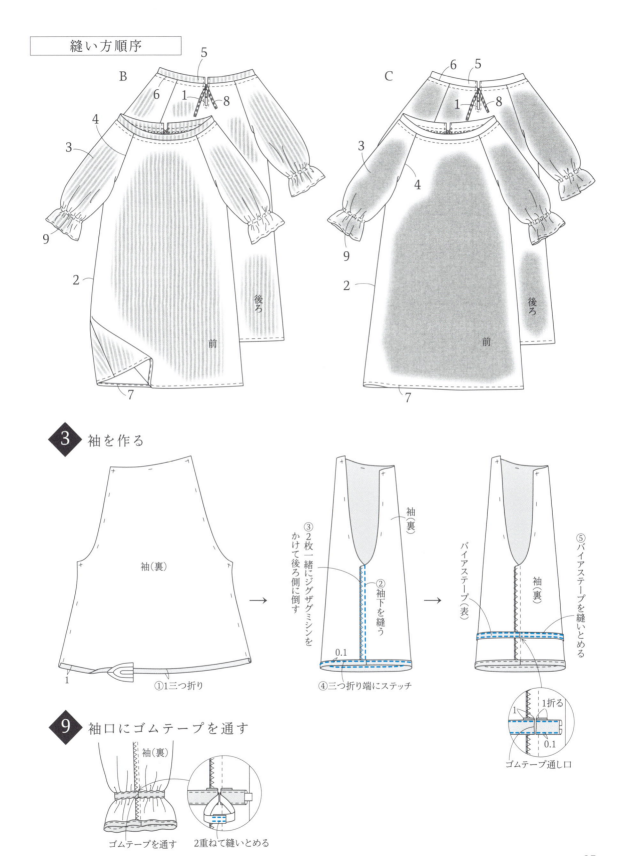

lesson 2 基本・A・B p.10〜13
ブラウス&ワンピース

身頃の前端はバイアスに近い布目になるので、
伸ばさないように気をつけて縫います。
肩を縫うときは、前後の衿ぐりがずれないようにきちんと合わせて。

◆出来上り寸法
7号…バスト約102cm／着丈基本68cm、A・B123.5cm／ゆき丈基本・B 約66.5cm、A 約60cm
9号…バスト約106cm／着丈基本68cm、A・B123.5cm／ゆき丈基本・B 約66.5cm、A 約60cm
11号…バスト約110cm／着丈基本68cm、A・B123.5cm／ゆき丈基本・B 約66.5cm、A 約60cm
13号…バスト約114cm／着丈基本68cm、A・B123.5cm／ゆき丈基本・B 約66.5cm、A 約60cm
15号…バスト約120cm／着丈基本68cm、A・B123.5cm／ゆき丈基本・B 約66.5cm、A 約60cm

◆パターン（2面）
2 後ろ身頃　2 前身頃　2 前スカート・後ろスカート　2 後ろ衿ぐり見返し　2 ひも

◆材料
表布
　基本　リネン…148cm幅7・9号2m10cm／11・13・15号2m20cm
　A　リネン…150cm幅7・9号4m／11・13・15号4m10cm
　B　コーデュロイプリント…110cm幅4m20cm
接着芯…35×15cm

◆準備
後ろ衿ぐり見返しの裏面に接着芯をはり、外回りの縫い代に
ジグザグミシン（またはロックミシン）をかける。

◆縫い方順序
※Bは後ろ身頃の中心を縫い合わせておく
1．ひもを作る。
2．後ろ衿ぐりに見返しをつける。
3．身頃の前端を三つ折りにして縫う。
4．肩を縫う。
5．身頃の脇〜袖下を縫う。
6．袖口を三つ折りにして縫う。
7．スカートの前端を三つ折りにして縫う。
8．スカートのウエストにギャザーを寄せる。
9．スカートの脇を縫う。
10．スカートの裾を三つ折りにして縫う。
11．ウエストを縫い合わせる。

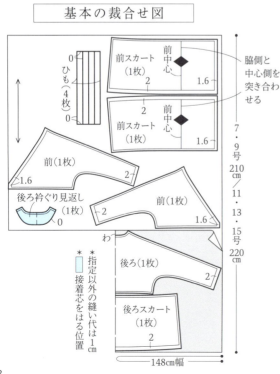

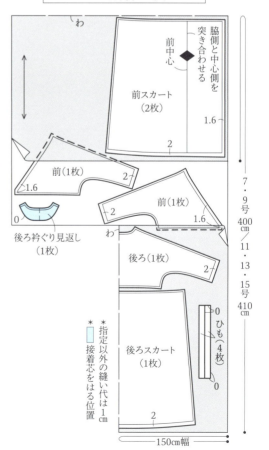

Bの裁合せ図

＊指定以外の縫い代は1cm
＊ 接着芯をはる位置

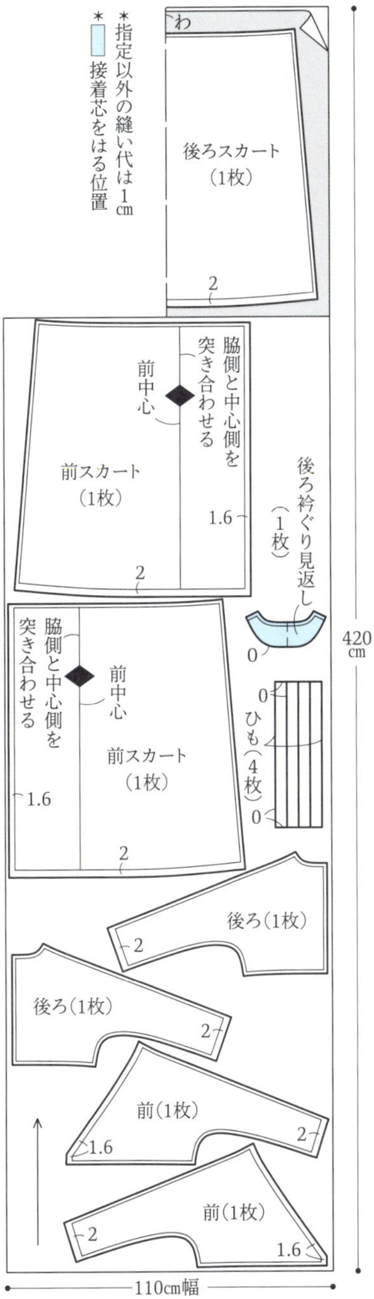

わ
後ろスカート
（1枚）
2
前中心
脇側と中心側を突き合わせる
前スカート
（1枚）
1.6
2
後ろ衿ぐり見返し
（1枚）
0
ひも
（4枚）
0
0
420cm
脇側と中心側を突き合わせる
前中心
前スカート
（1枚）
1.6
2
後ろ（1枚）
2
後ろ（1枚）
2
前（1枚）
1.6
2
前（1枚）
2
1.6
110cm幅

縫い方順序

基本

1
2
3
4
5
6
7
8
9
10
11
前

A

4
2
3
5
6
8
11
1
9
7
前
10

B

4
2
5
3
8
11
6
1
9
7
前
10

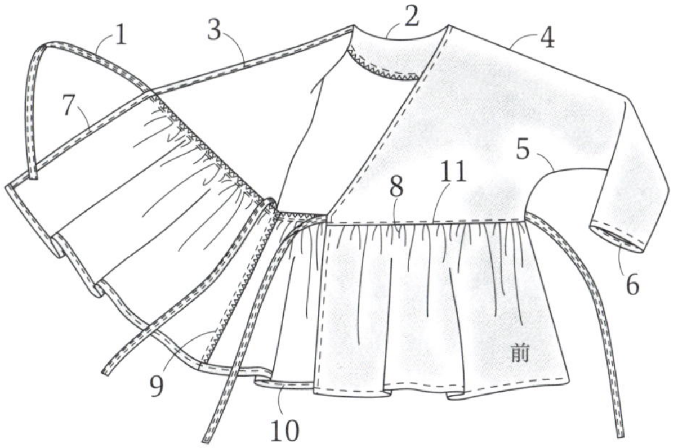

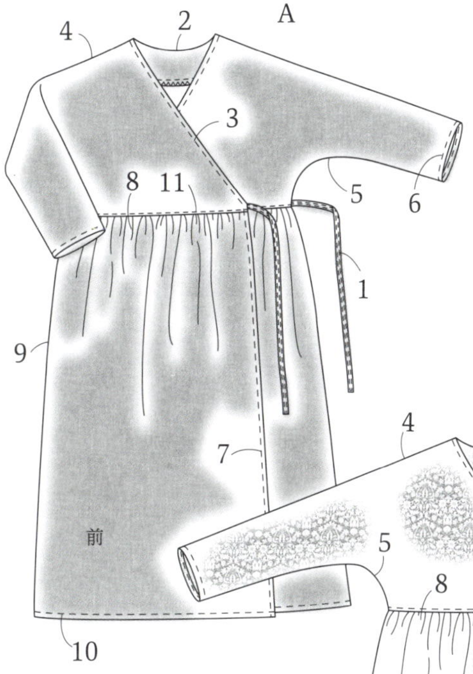

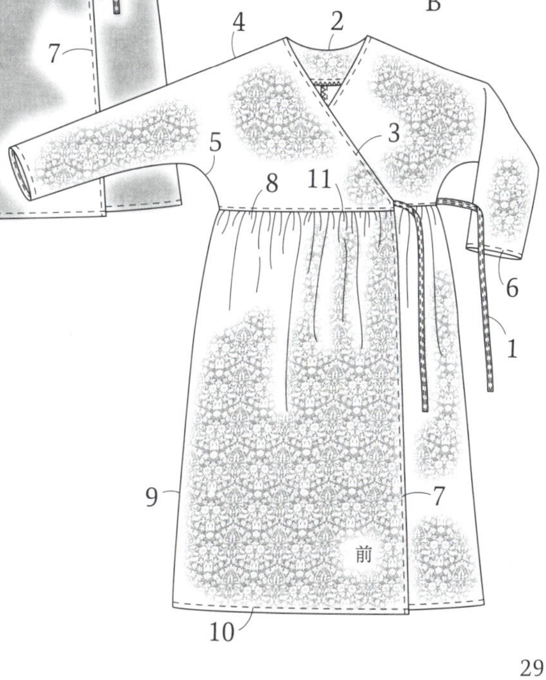

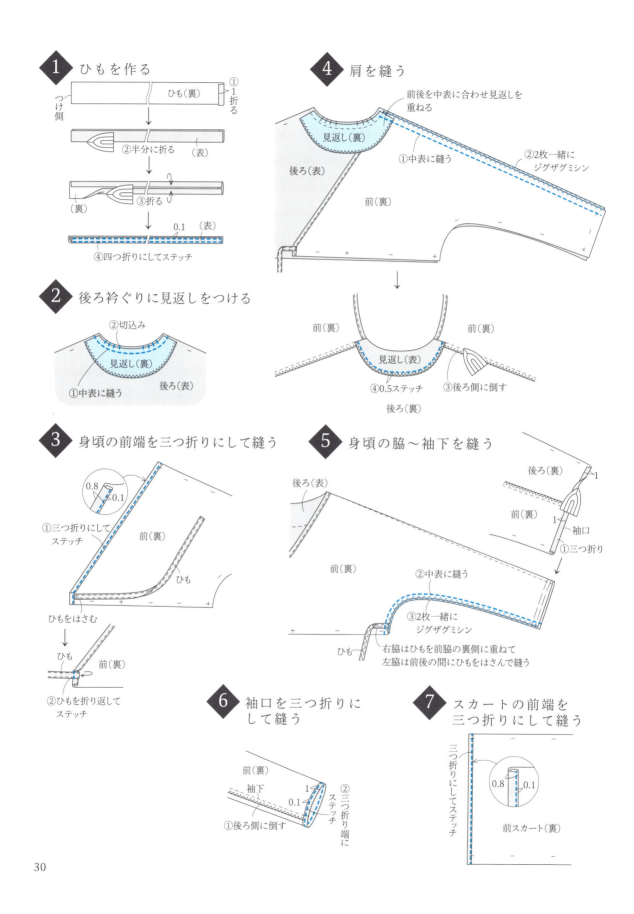

8 スカートのウエストにギャザーを寄せる

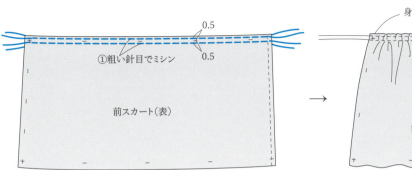
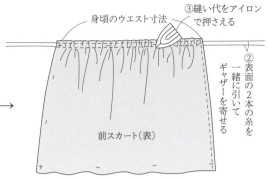

＊後ろスカートのウエストも同様にギャザーを寄せる

9 スカートの脇を縫う

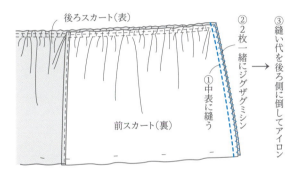

11 ウエストを縫い合わせる

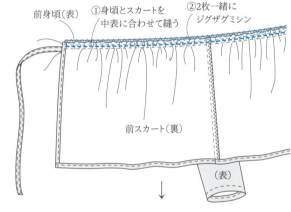

10 スカートの裾を三つ折りにして縫う

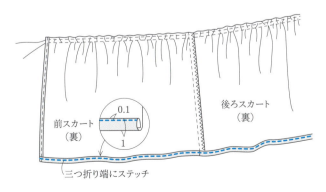
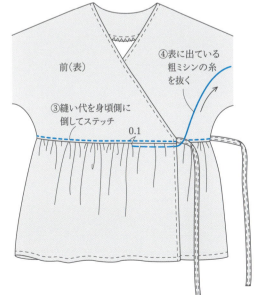

lesson 2 C p.14
ワンピース

◆出来上り寸法
7号… バスト約 102cm／着丈 123.5cm／ゆき丈約 60cm
9号… バスト約 106cm／着丈 123.5cm／ゆき丈約 60cm
11号… バスト約 110cm／着丈 123.5cm／ゆき丈約 60cm
13号… バスト約 114cm／着丈 123.5cm／ゆき丈約 60cm
15号… バスト約 120cm／着丈 123.5cm／ゆき丈約 60cm

◆パターン（2面）
2 後ろ身頃　2 前身頃　2 前スカート・後ろスカート
2 前後衿ぐり見返し

◆材料
表布　リネン…135cm幅 7・9号 2m 90cm／11・13・15号 3m
接着芯…90cm幅 40cm
コンシールファスナー…22cm 1本
ボタン…直径1.1cm 6個

◆準備
後ろ身頃の見返し、前後衿ぐり見返しの裏面に接着芯をはる。後ろ身頃の見返しの端、前後衿ぐり見返しの外回り、後ろスカートの後ろ中心の縫い代にジグザグミシン（またはロックミシン）をかける。

◆縫い方順序　★は基本(p.30〜31)を参照
1．肩を縫う。→図
2．衿ぐりを縫う。→図
3．身頃の脇〜袖下を縫う。★
4．袖口を三つ折りにして縫う。★
5．スカートの後ろ中心を縫う。→図
6．コンシールファスナーをつける。→図
7．スカートのウエストにギャザーを寄せる。★
8．スカートの脇を縫う。★
9．スカートの裾を三つ折りにして縫う。★
10．ウエストを縫い合わせる。→図
11．ボタンホールを作り、ボタンをつける。→図

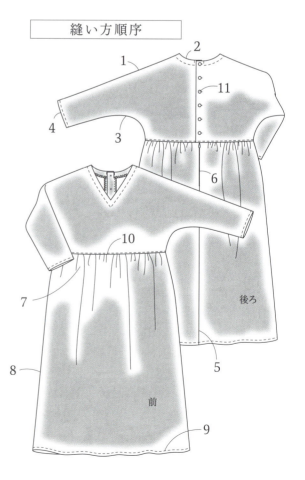

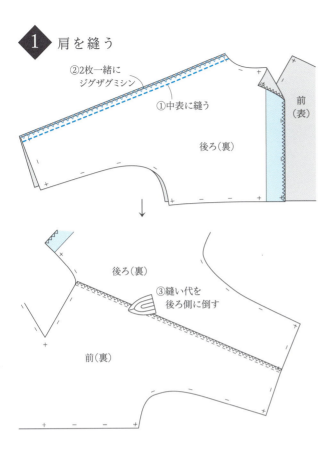

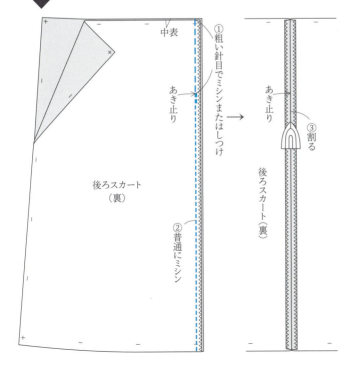

6 コンシールファスナーをつける

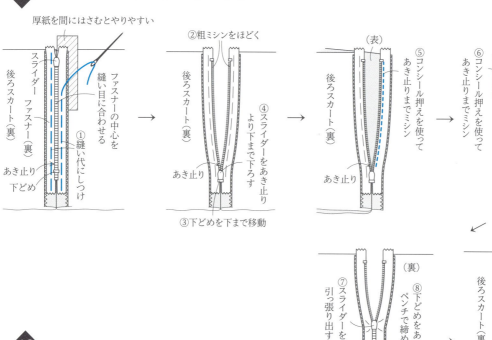

10 ウエストを縫い合わせる

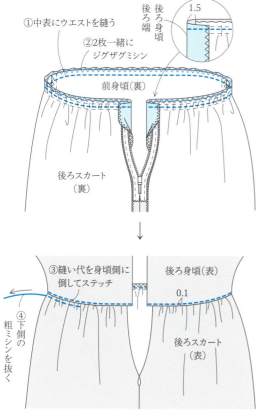

11 ボタンホールを作り、ボタンをつける

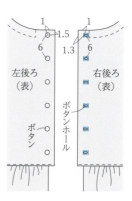

lesson 3 基本 p.16
ブラウス

袖をつけたとき、肩先に縫い代が重なるので、
ピンと跳ね上がりやすくなります。
何度も返し縫いをするとさらに反り返りやすくなるので返し縫いは1回に。

◆出来上り寸法
7号…バスト106cm／着丈57cm／ゆき丈約43.5cm
9号…バスト110cm／着丈57cm／ゆき丈約44cm
11号…バスト114cm／着丈57cm／ゆき丈約44.5cm
13号…バスト118cm／着丈57cm／ゆき丈約45cm
15号…バスト123cm／着丈57cm／ゆき丈約46cm

◆パターン（2面）
3 後ろ身頃　3 前身頃　3 基本 フリル袖　3 後ろ衿ぐり見返し
3 前衿ぐり見返し

◆材料
表布　リネン…148cm幅 1m
接着芯…90cm幅 15cm

◆準備
前後の衿ぐり見返しの裏面に接着芯をはる。

◆縫い方順序
1．身頃、見返しの肩をそれぞれ縫う。
2．衿ぐりに見返しをつける。
3．脇を縫い、スリットの始末をする。
4．袖を作る。
5．袖をつける。
6．裾を三つ折りにして縫う。

裁合せ図

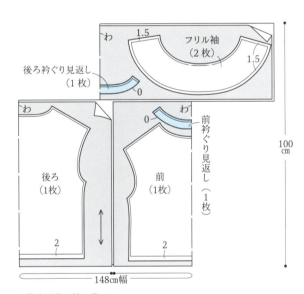

＊指定以外の縫い代は1cm
＊□ 接着芯をはる位置

縫い方順序

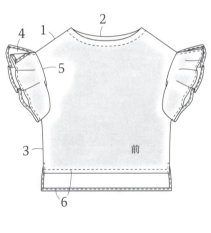

1 身頃、見返しの肩をそれぞれ縫う

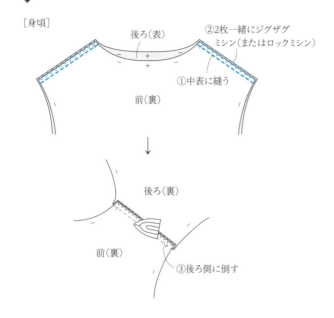

2 衿ぐりに見返しをつける

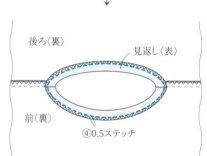

3 脇を縫い、スリットの始末をする

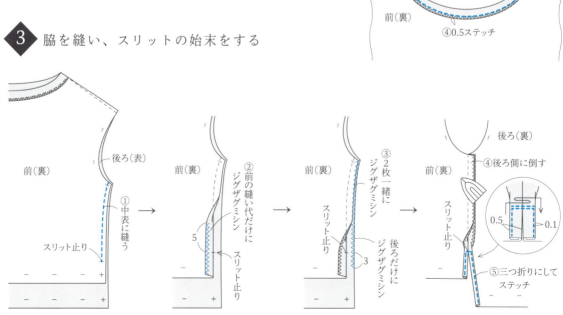

袖を作る

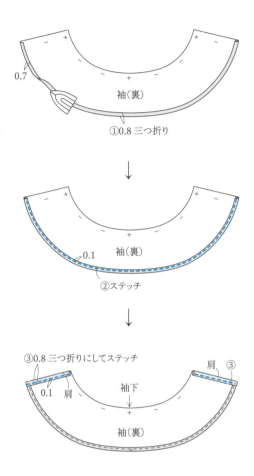

 袖をつける

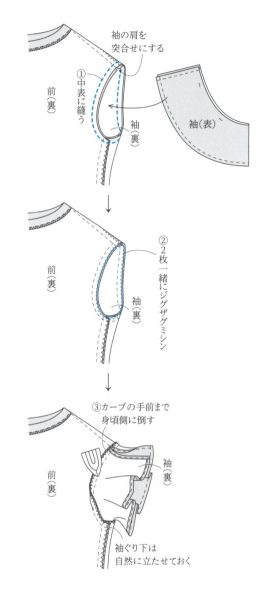

 裾を三つ折りにして縫う

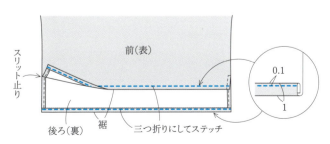

lesson 3 A　p.17

ブラウス

◆出来上り寸法
7号… バスト106㎝／着丈57㎝／ゆき丈約43.5㎝
9号… バスト110㎝／着丈57㎝／ゆき丈約44㎝
11号… バスト114㎝／着丈57㎝／ゆき丈約44.5㎝
13号… バスト118㎝／着丈57㎝／ゆき丈約45㎝
15号… バスト123㎝／着丈57㎝／ゆき丈約46㎝

◆パターン（2面）
3後ろ身頃　3前身頃　3Aフリル袖　3後ろ衿ぐり見返し
3前衿ぐり見返し

◆材料
表布　リネンジャカード…150㎝幅1m
接着芯…90㎝幅15㎝

◆準備
前後の衿ぐり見返しの裏面に接着芯をはる。

◆縫い方順序　★は基本(p.36～37)を参照
1．身頃、見返しの肩をそれぞれ縫う。★
2．衿ぐりに見返しをつける。★
　ただしステッチは2本かける。
3．脇を縫う。縫い代は2枚一緒にジグザグミシン
　をかけて後ろ側に倒す。
4．袖を作る。→図
5．袖をつける。→図
6．裾を三つ折りにして縫う。★

裁合せ図

縫い方順序

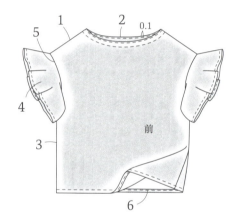

 袖を作る

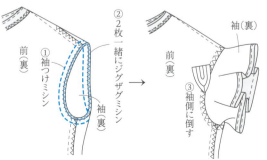 袖をつける

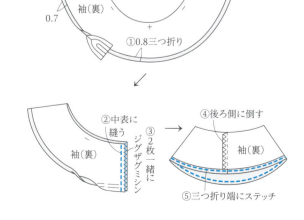

lesson 3 B p.18

ワンピース

◆出来上り寸法
7号… バスト106㎝／着丈102㎝／ゆき丈約41.5㎝
9号… バスト110㎝／着丈102㎝／ゆき丈約42㎝
11号… バスト114㎝／着丈102㎝／ゆき丈約42.5㎝
13号… バスト118㎝／着丈102㎝／ゆき丈約43㎝
15号… バスト123㎝／着丈102㎝／ゆき丈約44㎝

◆パターン（2面）
3 後ろ身頃　3 前身頃　3B 袖　3 後ろ衿ぐり見返し
3 前衿ぐり見返し

◆材料
表布　綿麻ジャカード…155㎝幅 1 m 40㎝
接着芯…90㎝幅 15㎝

◆準備
前後の衿ぐり見返しの裏面に接着芯をはる。

◆縫い方順序　★は基本(p.36～37)を参照
1．身頃、見返しの肩をそれぞれ縫う。★
2．衿ぐりに見返しをつける。★
3．脇を縫う。縫い代は2枚一緒にジグザグミシンをかけ始末して後ろ側に倒す。
4．袖を作る。→図
5．袖をつける。→p.38
6．裾を三つ折りにして縫う。→p.40

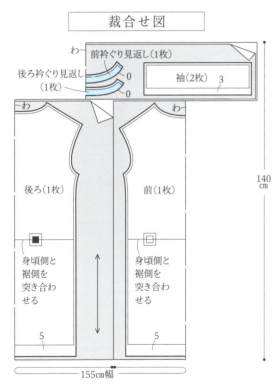

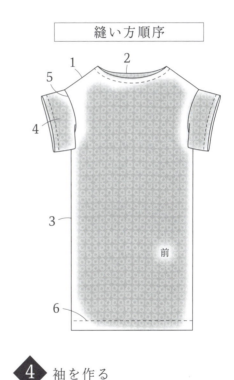

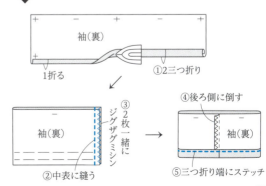

lesson 3 C p.19
ワンピース

◆出来上り寸法
7号… バスト106cm／着丈102cm／ゆき丈約43.5cm
9号… バスト110cm／着丈102cm／ゆき丈約44cm
11号… バスト114cm／着丈102cm／ゆき丈約44.5cm
13号… バスト118cm／着丈102cm／ゆき丈約45cm
15号… バスト123cm／着丈102cm／ゆき丈約46cm

◆パターン（2面）
3後ろ身頃　3前身頃　3Cフリル袖　3後ろ衿ぐり見返し
3前衿ぐり見返し

◆材料
表布　ウールシャギー…150cm幅1m50cm
接着芯…90cm幅15cm

◆準備
前後の衿ぐり見返しの裏面に接着芯をはる。

◆縫い方順序　★は基本（p.36～37）を参照
1．身頃、見返しの肩をそれぞれ縫う。★
2．衿ぐりに見返しをつける。★
3．脇を縫う。縫い代は2枚一緒にジグザグミシンをかけて後ろ側に倒す。
4．袖を作る。→p.38
5．袖をつける。→p.38
6．裾を三つ折りにして縫う。→図

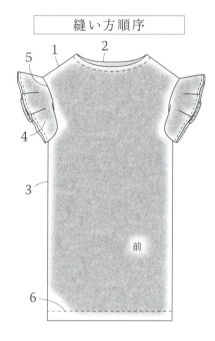

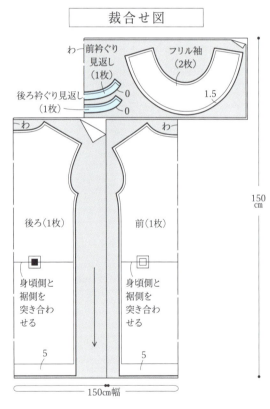

 裾を三つ折りにして縫う

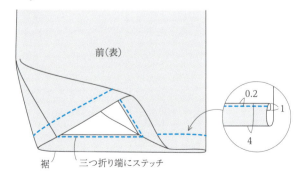

lesson 4

ハイネック

首にそって立ち上がっている衿ぐりは、
どこかマニッシュで、スタイリッシュ。
立体感を出すためにこだわった、
パターンテクニックです。
少し張りのある素材を選んでください。

lesson 4　基本

ハイネックは、後ろにあけたスリットを2つのボタンでとめて着ます。ボディも袖ぐりもややほっそりめのきれいなシルエット。スタンダードなリネンで。
→ p.50

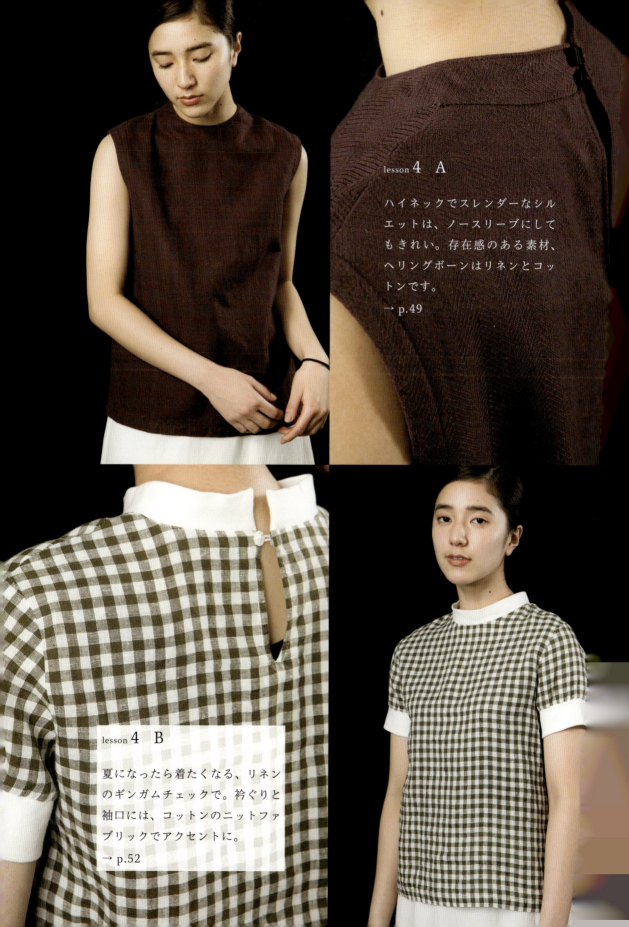

lesson 4 A

ハイネックでスレンダーなシルエットは、ノースリーブにしてもきれい。存在感のある素材、ヘリングボーンはリネンとコットンです。
→ p.49

lesson 4 B

夏になったら着たくなる、リネンのギンガムチェックで。衿ぐりと袖口には、コットンのニットファブリックでアクセントに。
→ p.52

lesson 4　C

コーマブロードといわれる、光沢のきれいなコットン素材で。メンズシャツを意識した裾のカット、カフスのある袖、キレのあるデザインです。
→ p.54

lesson 5

アームホールにタック

複雑なパターンに見えますが、
フレンチスリーブを見返しで始末したあと、
アームホールをタックのように折り、
途中までミシンステッチでとめたデザイン。
フレアシルエットといいバランスです。

lesson 5　基本

立体的にとりたいアームホールのタックは、ある程度の厚みがあってしなやかな素材がふさわしい。リネンにウールが入ったジャカード素材。
→ p.55

lesson 5　A

あらかじめ大きく作った衿ぐりを、見返しで始末してから前中心でタックをたたみステッチで押さえました。リネンのツイルで。
→ p.58

lesson 5　B

前はVネックのまま、後ろ中心にタックをとりいっそうふんわりしたシルエットになりました。インディゴブルーのリネンで。
→ p.59

lesson 5 C

袖口のタックをとらないでフレンチスリーブのまま、マキシ丈のリネンのワンピースに。丈は好みで調整してください。
→ p.60

lesson 4 A p.43

ブラウス

◆出来上り寸法
7号…バスト 97cm／着丈 54.5cm
9号…バスト 101cm／着丈 54.5cm
11号…バスト 105cm／着丈 54.5cm
13号…バスト 109cm／着丈 54.5cm
15号…バスト 114cm／着丈 54.5cm

◆パターン（3面）
4 後ろ身頃　4 前身頃　4 衿ぐり見返し
4 後ろあき見返し　4 袖ぐり見返し

◆材料
表布　綿麻ヘリングボーン…140cm幅 90cm
接着芯…90cm幅 40cm
ループ…1cm幅 2個
ボタン…1×1cm 2個

◆準備
各見返しの裏面に接着芯をはり、外回りにジグザグミシン（またはロックミシン）をかける。

◆縫い方順序　★は基本（p.50〜51）を参照
1．後ろあきを作る。★
2．肩、後ろ衿ぐりを縫う。★
3．衿ぐり見返しをつける。★
4．脇を縫う。★
5．袖ぐり見返しをつける。→図
6．裾を三つ折りにして縫う。★
7．ボタンをつける。★

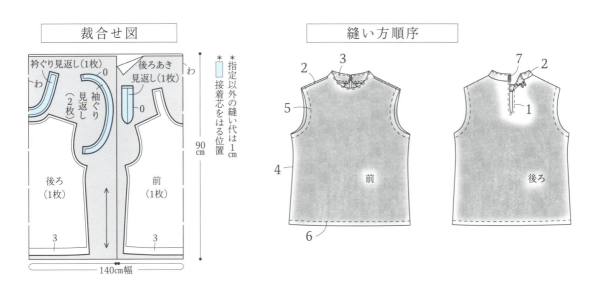

❺ 袖ぐり見返しをつける

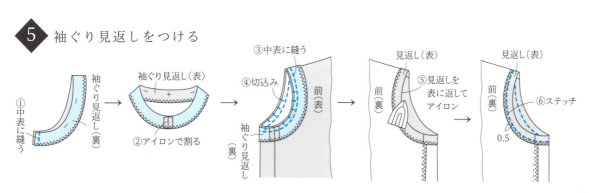

lesson 4 基本 p.42
ブラウス

後ろ衿が前身頃から続け裁ちされたハイネック。
縫うときのこつはサイドネックポイントの切込みを、ぎりぎりまで入れること。
切込みが甘いと引きつれやしわの原因になります。

◆出来上り寸法
7号…バスト 97cm／着丈 54.5cm／袖丈 36.5cm
9号…バスト 101cm／着丈 54.5cm／袖丈 36.7cm
11号…バスト 105cm／着丈 54.5cm／袖丈 37cm
13号…バスト 109cm／着丈 54.5cm／袖丈 37.2cm
15号…バスト 114cm／着丈 54.5cm／袖丈 37.5cm

◆パターン（3面）
4 後ろ身頃　4 前身頃　4 袖　4 衿ぐり見返し　4 後ろあき見返し

◆材料
表布　リネン…145cm幅 1m 10cm
接着芯…90cm幅 25cm
ループ…1cm幅 2個
ボタン…直径 1.2cm 2個

◆準備
衿ぐり見返し、後ろあき見返しの裏面に接着芯をはり、それぞれの外回りにジグザグミシン（またはロックミシン）をかける。

◆縫い方順序
1．後ろあきを作る。
2．肩、後ろ衿ぐりを縫う。
3．衿ぐり見返しをつける。
4．脇を縫う。
5．袖を作る。
6．袖をつける。
7．裾を三つ折りにして縫う。
8．ボタンをつける。

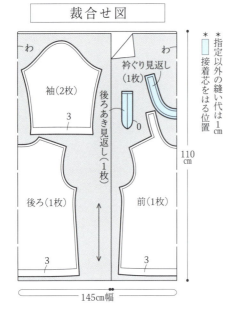

裁合せ図

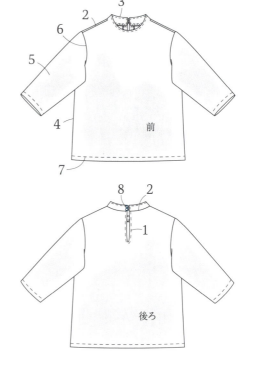

縫い方順序

1　後ろあきを作る

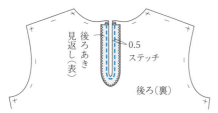

p.22を参照して後ろあきを作る

2 肩、後ろ衿ぐりを縫う

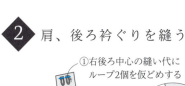
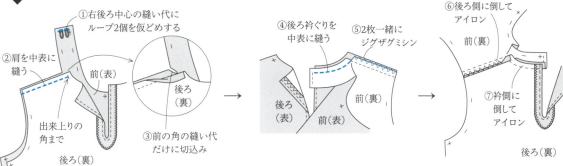

3 衿ぐり見返しをつける

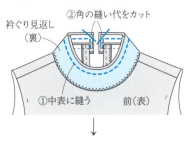

4 脇を縫う

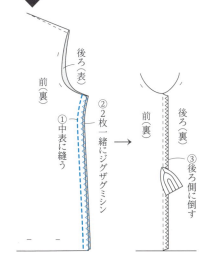

5 袖を作る

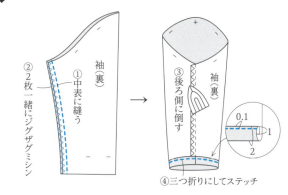

6 袖をつける

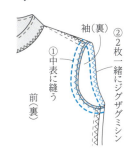

7 裾を三つ折りにして縫う

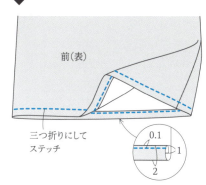

8 ボタンをつける

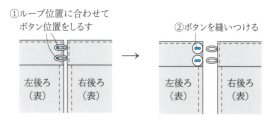

lesson 4 B p.43

ブラウス

◆出来上り寸法
7号… バスト 97cm／着丈 54.5cm／袖丈 18.5cm
9号… バスト 101cm／着丈 54.5cm／袖丈 18.7cm
11号… バスト 105cm／着丈 54.5cm／袖丈 19cm
13号… バスト 109cm／着丈 54.5cm／袖丈 19.2cm
15号… バスト 114cm／着丈 54.5cm／袖丈 19.5cm

◆パターン（3面）
4 後ろ身頃　4 前身頃　4 袖　4 後ろあき見返し
4 衿　4 袖口リブ

◆材料
表布　リネンギンガム…150cm幅 90cm
リブニット…70 × 25cm
接着芯…10 × 15cm
ループ…1cm幅 1個
ボタン…直径 1.1cm 1個

◆準備
後ろあき見返しの裏面に接着芯をはる。肩縫い代、後ろあき見返しの外回りにジグザグミシン（またはロックミシン）をかける。

◆縫い方順序　★は基本(p.51)を参照
1. 後ろあきを作る。→図
2. 肩を縫う。→図
3. 衿を作ってつける。→図
4. 脇を縫う。★
5. 袖を作る。→図
6. 袖をつける。★
7. 裾を三つ折りにして縫う。★
8. ループとボタンをつける。→図

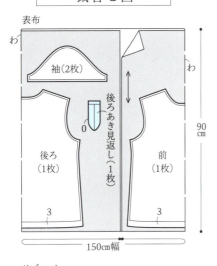

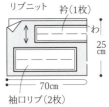

*指定以外の縫い代は1cm
* □ 接着芯をはる位置

縫い方順序

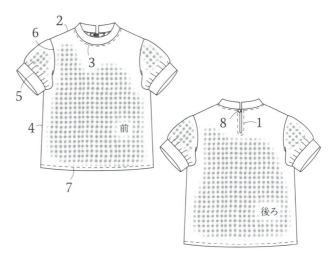

❶ 後ろあきを作る

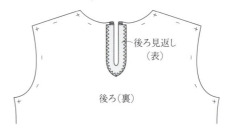

p.22を参照して後ろあきを作るが、ステッチはかけない

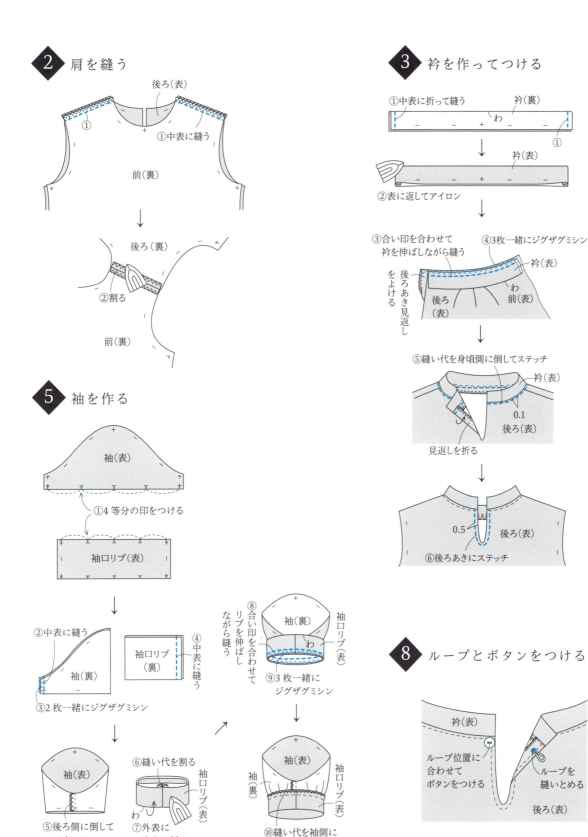

lesson 4C p.44

ブラウス

◆出来上り寸法
7号… バスト 97cm／着丈 64.5cm／袖丈 45.8cm
9号… バスト 101cm／着丈 64.5cm／袖丈 46cm
11号… バスト 105cm／着丈 64.5cm／袖丈 46.3cm
13号… バスト 109cm／着丈 64.5cm／袖丈 46.5cm
15号… バスト 114cm／着丈 64.5cm／袖丈 46.8cm

◆パターン（3面）
4 後ろ身頃　4 前身頃　4 袖　4 カフス　4 衿ぐり見返し
4 後ろあき見返し

◆材料
表布　綿ブロード…110cm幅 1 m 50cm
接着芯…90cm幅 25cm
ループ…0.8cm幅 2 個
ボタン…0.5 × 1.3cm 2 個

◆準備
衿ぐり見返し、後ろあき見返しの裏面に接着芯をはり、それぞれの外回りにジグザグミシン（またはロックミシン）をかける。

◆縫い方順序　★は基本（p.50〜51）を参照
1．後ろあきを作る。★
2．肩、後ろ衿ぐりを縫う。★
3．衿ぐり見返しをつける。★
4．脇を縫い、スリット〜裾の始末をする。スリット止り〜裾は0.5cm幅の三つ折りにしてステッチをかける。→p.36
5．袖を作る。→図
6．袖をつける。★
7．ボタンをつける。★

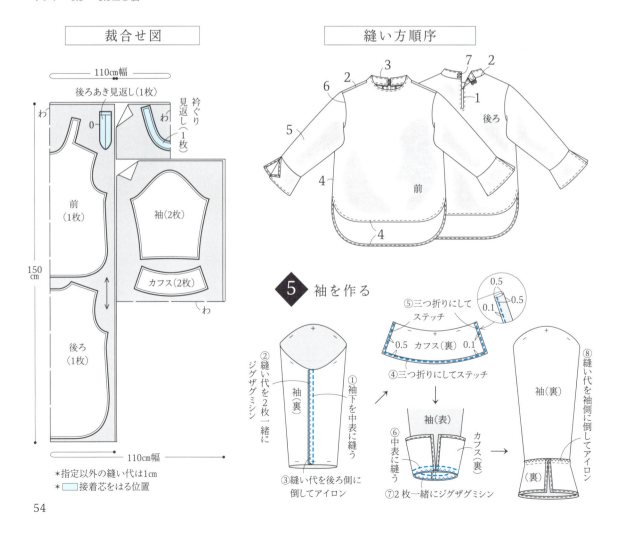

lesson 5 基本 p.46
ブラウス

肩先のタックは、タック分を折ったらまず裏側からアイロンで身頃にそわせます。縫うときは前後を続けて縫うとよじれやすいので、前後別々に肩から裾に向かってステッチをかけます。

◆ 出来上り寸法
7号… バスト117cm／着丈64cm
9号… バスト121cm／着丈64cm
11号… バスト125cm／着丈64cm
13号… バスト129cm／着丈64cm
15号… バスト134cm／着丈64cm

◆ パターン（3面）
5 前身頃　5 後ろ身頃　5 前衿ぐり見返し
5 後ろ衿ぐり見返し　5 袖ぐり見返し

◆ 材料
表布　リネンウールジャカード…137cm幅 1 m 50cm
接着芯…90cm幅 45cm

◆ 準備
各見返しの裏面に接着芯をはる。肩、脇、袖ぐり見返しの外回りの縫い代にジグザグミシン（またはロックミシン）をかける。→p.56

◆ 縫い方順序
1．身頃、見返しの肩をそれぞれ縫う。
2．衿ぐりに見返しをつける。
3．袖ぐりに見返しをつける。
4．脇を縫い、袖ぐりにステッチをかける。
5．裾を三つ折りにして縫う。
6．肩先のタックを縫う。

裁合せ図

前(1枚)
後ろ(1枚)
袖ぐり見返し(2枚)
後ろ衿ぐり見返し(1枚)
前衿ぐり見返し(1枚)
150cm
137cm幅

＊指定以外の縫い代は1cm
＊□ 接着芯をはる位置

縫い方順序

前

後ろ

準備

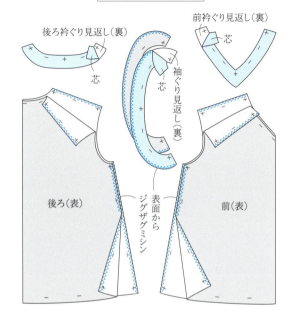

 身頃、見返しの肩をそれぞれ縫う

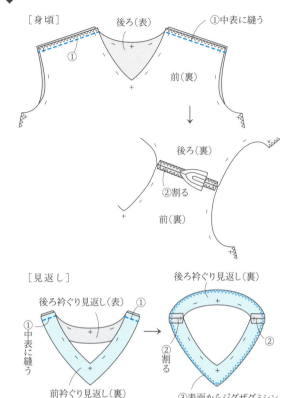

 衿ぐりに見返しをつける

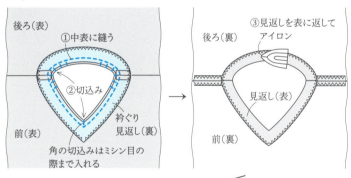

基本のステッチ

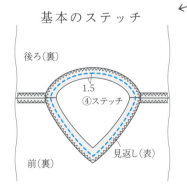

Aのステッチ

B・Cのステッチ

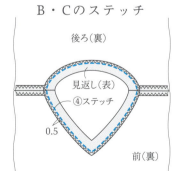

3 袖ぐりに見返しをつける

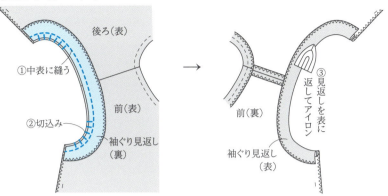

4 脇を縫い、袖ぐりにステッチをかける

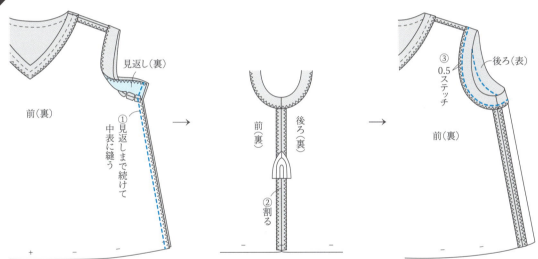

5 裾を三つ折りにして縫う

6 肩先のタックを縫う

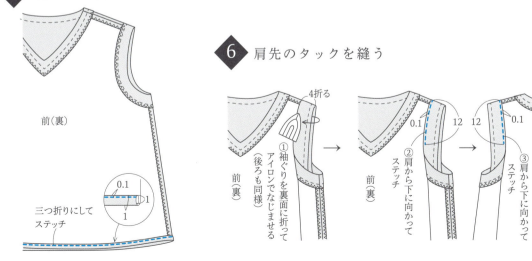

lesson 5 A p.47

ブラウス

◆出来上り寸法
7号… バスト 117cm／着丈 64cm
9号… バスト 121cm／着丈 64cm
11号… バスト 125cm／着丈 64cm
13号… バスト 129cm／着丈 64cm
15号… バスト 134cm／着丈 64cm

◆パターン（3面）
5前身頃　5後ろ身頃　5前衿ぐり見返し
5後ろ衿ぐり見返し　5袖ぐり見返し

◆材料
表布　リネンツイル…150cm幅 1 m 50cm
接着芯…90cm幅 45cm

◆準備
各見返しの裏面に接着芯をはる。肩、脇、袖ぐり見返しの外回りの縫い代にジグザグミシン（またはロックミシン）をかける。→p. 56

◆縫い方順序　★は基本（p.56〜57）を参照
1．身頃、見返しの肩をそれぞれ縫う。★
2．衿ぐりに見返しをつける。★
3．前衿ぐりのタックを縫う。→図
4．袖ぐりに見返しをつける。★
5．脇を縫い、袖ぐりにステッチをかける。★
6．裾を三つ折りにして縫う。★
7．肩先のタックを縫う。★

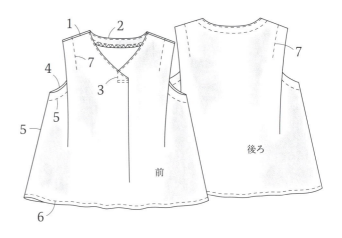

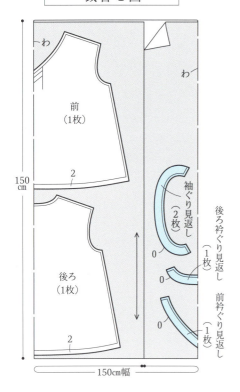

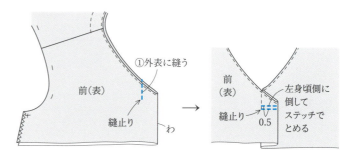

3　前衿ぐりのタックを縫う

lesson **5 B** p.47

ブラウス

◆出来上り寸法
7号… バスト117cm／着丈64cm
9号… バスト121cm／着丈64cm
11号… バスト125cm／着丈64cm
13号… バスト129cm／着丈64cm
15号… バスト134cm／着丈64cm

◆パターン（3面）
5 前身頃　5 後ろ身頃　5 前衿ぐり見返し
5 後ろ衿ぐり見返し　5 袖ぐり見返し

◆材料
表布　リネンデニム…150cm幅 1 m 50cm
接着芯…90cm幅 45cm

◆準備
各見返しの裏面に接着芯をはる。肩、脇、袖ぐり見返しの外回りの縫い代にジグザグミシン（またはロックミシン）をかける。→p.56

◆縫い方順序　★は基本（p.56～57）を参照
1．後ろ中心のタックを縫う。→図
2．身頃、見返しの肩をそれぞれ縫う。★
3．衿ぐりに見返しをつける。★
4．袖ぐりに見返しをつける。★
5．脇を縫い、袖ぐりにステッチをかける。★
6．裾を三つ折りにして縫う。★
7．肩先のタックを縫う。★

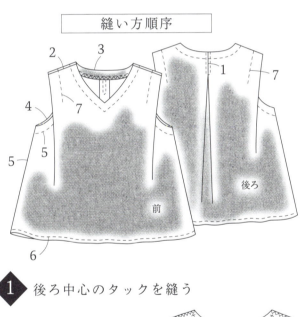

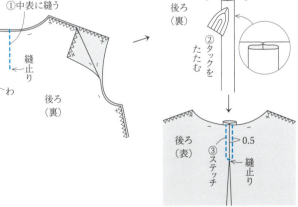

lesson 5 C p.48

ワンピース

◆ 出来上り寸法
7号… バスト 117㎝／着丈 115.5㎝
9号… バスト 121㎝／着丈 115.5㎝
11号… バスト 125㎝／着丈 115.5㎝
13号… バスト 129㎝／着丈 115.5㎝
15号… バスト 134㎝／着丈 115.5㎝

◆ パターン（3面）
5 前身頃　5 後ろ身頃　5 前衿ぐり見返し　5 後ろ衿ぐり見返し
5 袖ぐり見返し

◆ 材料
表布　リネン…145㎝幅 2 m 50㎝
接着芯…90㎝幅 45㎝

◆ 準備
各見返しの裏面に接着芯をはる。肩、脇、袖ぐり見返しの外回りの縫い代にジグザグミシン（またはロックミシン）をかける。→p.56

◆ 縫い方順序　★は基本（p.56〜57）を参照
1．身頃、見返しの肩をそれぞれ縫う。★
2．衿ぐりに見返しをつける。★
3．袖ぐりに見返しをつける。★
4．脇を縫い、袖ぐりにステッチをかける。★
5．裾を三つ折りにして縫う。★

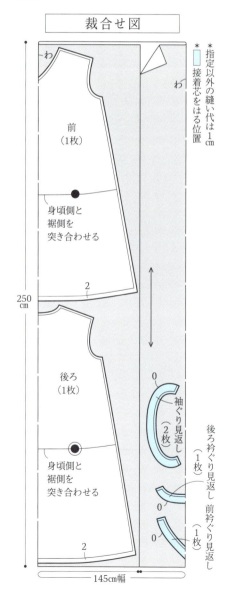

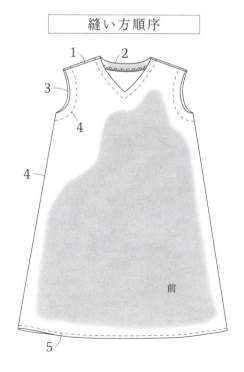

lesson 6 B p.68

ガウチョパンツ

◆出来上り寸法
7号… ヒップ118cm／パンツ丈95cm
9号… ヒップ122cm／パンツ丈95cm
11号…ヒップ126cm／パンツ丈95cm
13号…ヒップ130cm／パンツ丈95cm
15号…ヒップ135cm／パンツ丈95cm

◆パターン（4面）
6 後ろパンツ　6 前パンツ　6 前ウエストベルト
6 後ろウエストベルト

◆材料
表布　リネンヘリングボーン…150cm幅 2m 20cm
ゴムテープ…3.5cm幅をウエスト寸法＋2cm

◆準備
前後パンツの股上、脇、股下の縫い代にジグザグミシン（またはロックミシン）をかける。

◆縫い方順序　★は基本（p.74〜75）を参照

1. 前股上、後ろ股上をそれぞれ縫う。★
2. 脇を縫う。前パンツと後ろパンツの脇を中表に合わせて縫い、縫い代を割る。
3. 左右の股下を続けて縫う。★
4. ウエストベルトを縫う。→p.64
5. ウエストベルトをつける。→図
6. 裾を三つ折りにして縫う。★
7. ゴムテープを通す。ゴムテープの長さは試着をして調節し、ゴムテープ端は2cm重ねて縫いとめる。最後に縫い残したゴムテープ通し口に落しミシンをかける。

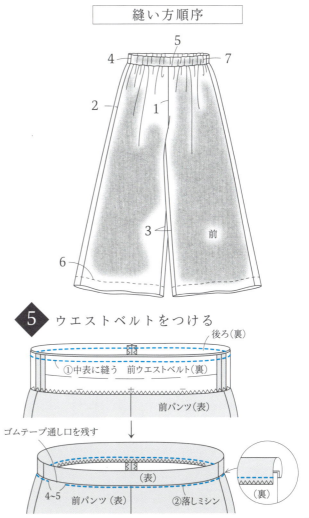

lesson **6 A** p.67

ラップ風キュロット

◆出来上り寸法
7号… ヒップ104cm／パンツ丈85cm
9号… ヒップ108cm／パンツ丈85cm
11号… ヒップ112cm／パンツ丈85cm
13号… ヒップ116cm／パンツ丈85cm
15号… ヒップ121cm／パンツ丈85cm

◆パターン（4面）
6 後ろパンツ　6 前パンツ　6 おおい布　6 前ウエストベルト
6 後ろウエストベルト　6 ひも

◆材料
表布　リネン…150cm幅 2m10cm
接着芯…90cm幅 15cm
ゴムテープ…3.5cm幅 7号 27cm／9号 29cm／11号 31cm／
　　　　　　13号 33cm／15号 35.5cm

◆準備
前ウエストベルトの裏面に接着芯をはる。前後パンツの股上、股下、脇、おおい布の脇、前後ウエストベルトの長辺の1辺にジグザグミシン（またはロックミシン）をかける。

◆縫い方順序　★は基本(p.74～75)を参照
1. 前股上、後ろ股上をそれぞれ縫う。★
2. 後ろパンツに後ろウエストベルトをつける。★
3. 前パンツに前ウエストベルトをつける。★
4. おおい布を作り、前パンツに仮どめする。→図
5. ウエストベルトまで続けて脇を縫う。★
6. 左右の股下を続けて縫う。★
7. 裾を三つ折りにして縫う。★
　ただし右裾はおおい布をよけてステッチをかける。
8. ひもを作ってつける。→図

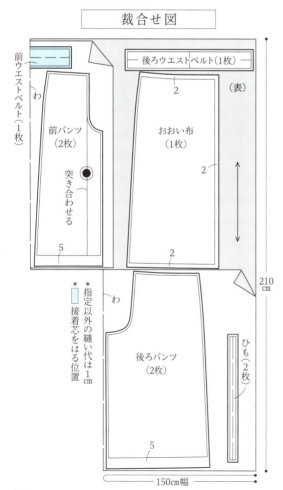

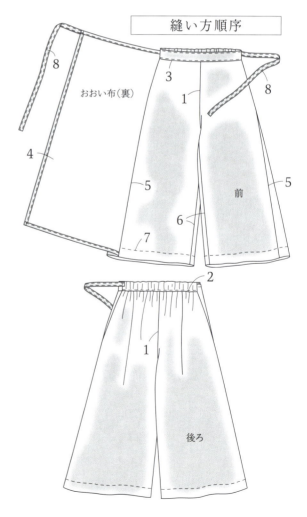

❹ おおい布を作り、前パンツに仮どめする

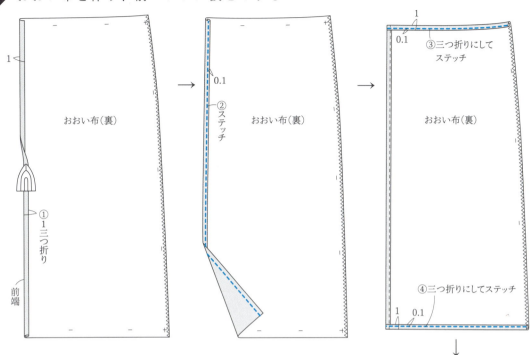

❽ ひもを作ってつける

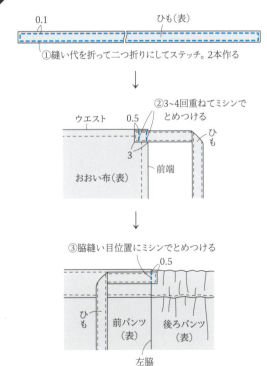

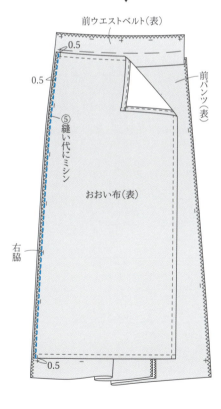

lesson 6 C p.68

ガウチョパンツ

◆出来上り寸法
7号… ヒップ118cm／パンツ丈85cm
9号… ヒップ122cm／パンツ丈85cm
11号… ヒップ126cm／パンツ丈85cm
13号… ヒップ130cm／パンツ丈85cm
15号… ヒップ135cm／パンツ丈85cm

◆パターン（4面）
6 後ろパンツ　6 前パンツ　6 前ウエストベルト
6 後ろウエストベルト

◆材料
表布　ナイロン混ウール…138cm幅 2 m
ゴムテープ…3.5cm幅をウエスト寸法＋2cm

◆準備
前後パンツの股上、股下、脇の縫い代にジグザグミシン（またはロックミシン）をかける。

◆縫い方順序　★は基本(p.74〜75)を参照
1．前股上、後ろ股上をそれぞれ縫う。★
2．脇を縫う。前パンツと後ろパンツの脇を中表に合わせて縫い、縫い代を割る。
3．左右の股下を続けて縫う。★
4．ウエストベルトを縫う。→図
5．ウエストベルトをつける。→p.61
6．裾を三つ折りにして縫う。★
7．ゴムテープを通す。ゴムテープの長さは試着をして調節し、ゴムテープ端は2cm重ねて縫いとめる。最後に縫い残したゴムテープ通し口に落しミシンをかける。

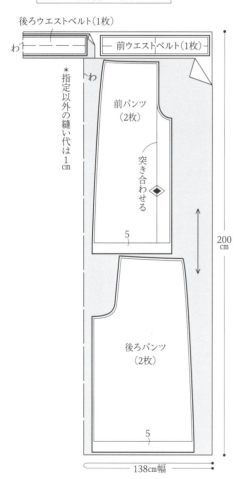

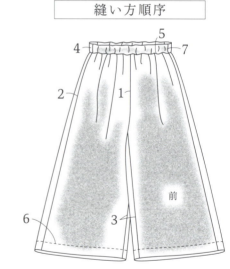

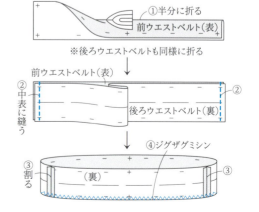

lesson 6

キュロット

前から見るとスカート、後ろ姿はパンツ。
長めの丈がしゃれているキュロット。
絶大な人気のガウチョパンツの前中心に
プリーツをたたんだパターンです。
複雑なパターン操作なしで4つのデザインに展開。

lesson 6　基本

プリーツをたたんで体にフィットさせた前と、ゴムテープではきやすくしている後ろ、一年中布を替えて活用したいパターンです。リネンシャンブレーで。

→ p.73

lesson 6 　A

基本のキュロットのプリーツをなくして、おおい布を脇にはさみ込んでラップスカート風にしました。おおい布は後ろに回しても大丈夫。

→ p.62

lesson 6 B

前中心のプリーツをたたまないで前もゴムテープを通して、フルレングスのガウチョパンツに。リネンのヘリングボーン。

→ p.61

lesson 6 C

パンツ丈を変化させることで、印象が違って見えます。クロップト丈といわれる8分丈のパンツに。ナイロンが少し混ざったウールです。

→ p.64

lesson 7
ギャザースカート

ボリュームのあるギャザースカート。
裾回りはたっぷりした布使いでも、
腰回りはすっきりと見せたい……という
思いをかなえるテクニックを教えます。
パターンなしで作ります。

lesson 7　基本

これくらいたっぷりギャザーを寄せるスカートは、薄手の素材を選ぶと仕立てやすく、見た目もすっきりと仕上がります。薄手のリネンで。
→ p.76

lesson 7 　A

ゴムテープを使わずに仕立てました。脇あきを重ねて共布でリボン結びにします。動くたびに表情を変える縦ストライプのリネン。
→ p.78

lesson 6 基本 p.66

キュロット

前中心のプリーツはアイロンでしっかりプリーツを折ってから
前中心の縫い目に落しミシンをかけて縫いとめ、
さらに陰プリーツ分も縫いとめます。

◆出来上り寸法
7号… ヒップ104cm／パンツ丈85cm
9号… ヒップ108cm／パンツ丈85cm
11号… ヒップ112cm／パンツ丈85cm
13号… ヒップ116cm／パンツ丈85cm
15号… ヒップ121cm／パンツ丈85cm

◆パターン（4面）
6 後ろパンツ　6 前パンツ　6 前ウエストベルト
6 後ろウエストベルト

◆材料
表布　リネンシャンブレー…150cm幅 2 m
接着芯…90cm幅 15cm
ゴムテープ…3.5cm幅 7号27cm／9号29cm／11号31cm／
　　　　　　13号33cm／15号35.5cm

◆準備
前ウエストベルトの裏面に接着芯をはる。前後パンツの股上、股下、脇、前後ウエストベルトの長辺の1辺にジグザグミシン（またはロックミシン）をかける。

◆縫い方順序
1．前股上、後ろ股上をそれぞれ縫う。
2．前パンツのプリーツを縫う。
3．後ろパンツに後ろウエストベルトをつける。
4．前パンツに前ウエストベルトをつける。
5．ウエストベルトまで続けて脇を縫う。
6．左右の股下を続けて縫う。
7．裾を三つ折りにして縫う。

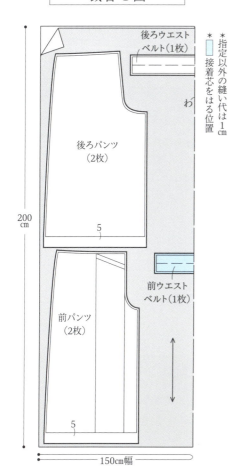

裁合せ図

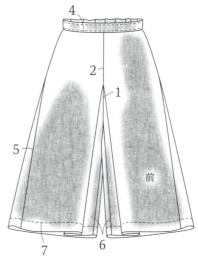

縫い方順序

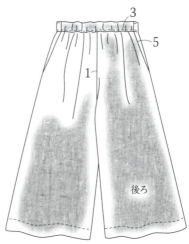

1 前股上、後ろ股上をそれぞれ縫う

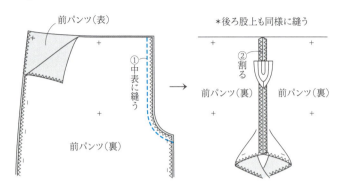

2 前パンツのプリーツを縫う

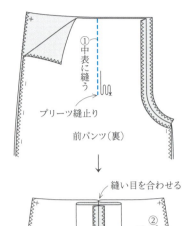

3 後ろパンツに後ろウエストベルトをつける

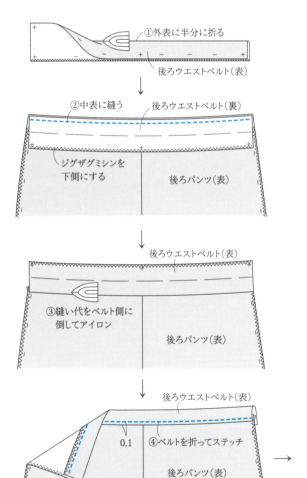

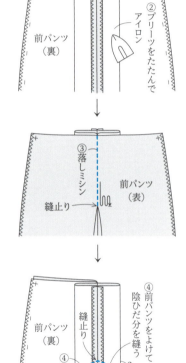

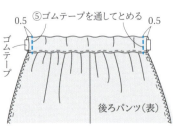

4 前パンツに前ウエストベルトをつける

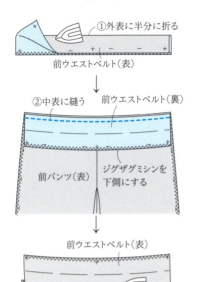

5 ウエストベルトまで続けて脇を縫う

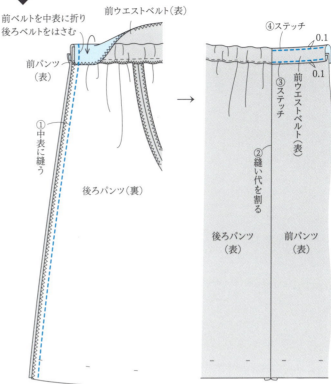

6 左右の股下を続けて縫う

7 裾を三つ折りにして縫う

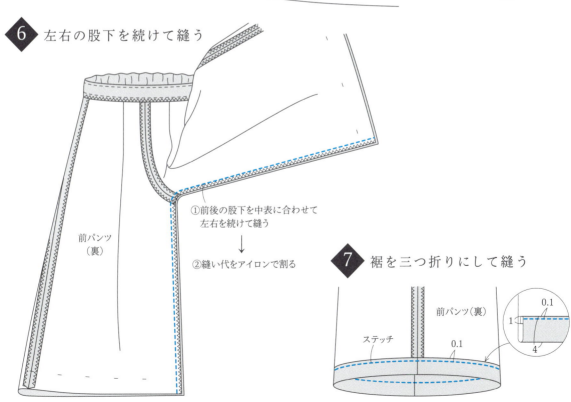

lesson 7 基本 p.70
ギャザースカート

ギャザーたっぷりのスカートは、小さなタックを入れることで、余分なふくらみが押さえられてすっきり仕上がります。

◆出来上り寸法（フリーサイズ）
スカート丈…79㎝

◆材料
表布　リネン…140〜160㎝幅　1ｍ80㎝
ゴムテープ…3.5㎝幅をウエスト寸法＋2㎝

◆布の裁ち方と印つけ
＊パターンを作らずに布を直接裁断する。
1．布幅をそのまま使い、裁ち方図の寸法でスカートを2枚裁つ。
2．スカートのウエストに、印のつけ方図の寸法でタック位置の印をつける。
3．タックの本数に合わせて裁ち方図の寸法でウエストベルト布を2枚裁つ。

◆準備
ウエストベルト布の長辺の1辺にジグザグミシン（またはロックミシン）をかける。

◆縫い方順序
1．タックをたたむ。
2．スカートにウエストベルトをつける。
3．ウエストベルトまで続けて脇を縫う。
4．ウエストベルトを出来上り幅に整えて縫う。
5．裾を三つ折りにして縫う。
6．ゴムテープを通す。ゴムテープの長さは試着をして調節し、ゴムテープの端は2㎝重ねて縫いとめる。

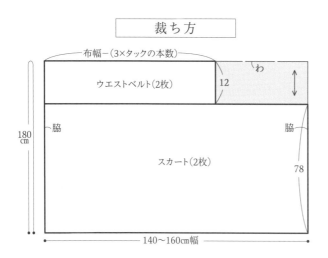

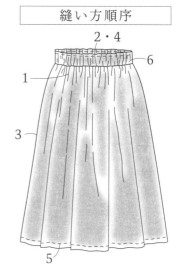

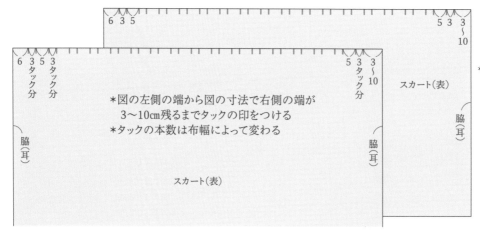

＊図は布幅145㎝の場合で、タックを17本とると、図の右端が8㎝残る。ウエストベルトの長さは94㎝になる。

1 タックをたたむ

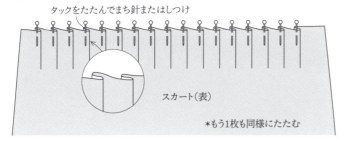

4 ウエストベルトを出来上り幅に整えて縫う

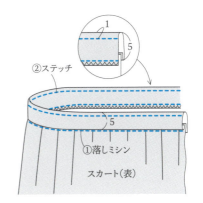

2 スカートにウエストベルトをつける

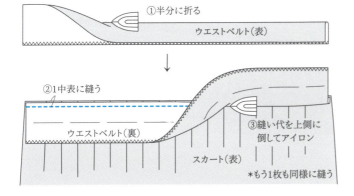

5 裾を三つ折りにして縫う

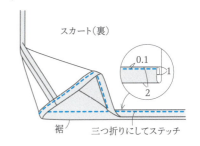

3 ウエストベルトまで続けて脇を縫う

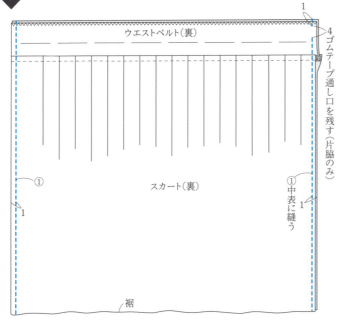
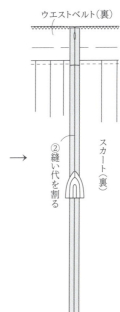

lesson 7 A p.71
ギャザースカート

◆出来上り寸法（フリーサイズ）
スカート丈…76cm

◆材料
表布　リネンストライプ…140〜160cm幅 1m 60cm

◆布の裁ち方と印つけ
＊パターンを作らずに直接布を裁断する。
1．裁ち方図の寸法でスカート2枚、ひも2枚、ウエストベルト1枚を裁つ。
2．スカートのウエストに、印のつけ方図の寸法でタック位置の印をつける。

◆準備
裁ち端になっている脇（左脇）にジグザグミシン（またはロックミシン）をかける。

◆縫い方順序
1．タックをたたむ。→p.77
2．脇を縫い、左脇にあきを作る。→図
3．ウエストにギャザーを寄せる。→図
4．ウエストにベルトをつける。→図
5．ひもを作ってつける。→図
6．裾を三つ折りにして縫う。→p.77

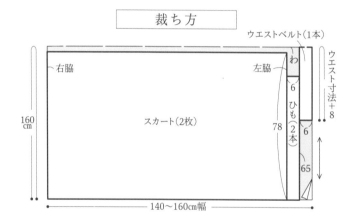

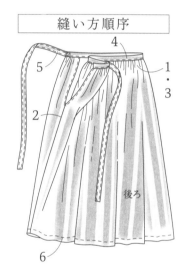

＊図は布幅145cmの場合で、スカート布は133cmにカットする。後ろスカートはタックを16本とり、左脇が4cm残る。前スカートはタックを15本とり、左脇が12cm残る

② 脇を縫い、左脇にあきを作る

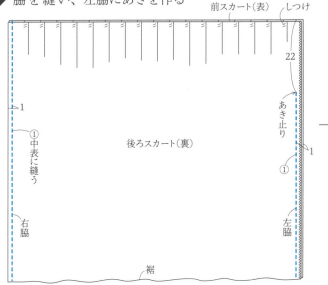
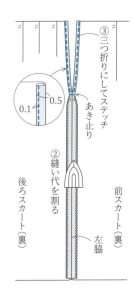

③ ウエストにギャザーを寄せる

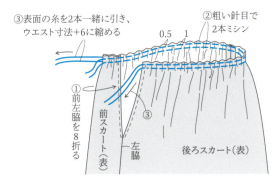

④ ウエストベルトをつける

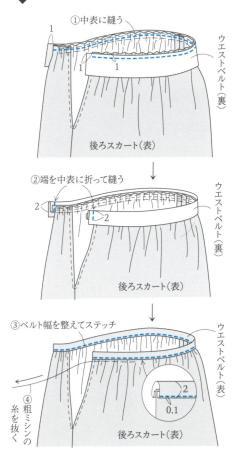

⑤ ひもを作ってつける

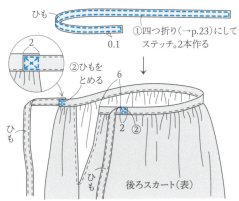

香田あおい　こうだあおい

京都市生れ。京都市在住。
アパレルメーカー（デザイン・パターン）勤務を経てフリーランスに。洋服、バッグ、生活雑貨などをリネン素材中心に作るソーイング教室「LaLa Sewing été」を主宰。アパレルの合理的な縫製技術と独自のアイディアにより、簡単で楽しいソーイングを伝授している。2023年春にソーイング教室にファブリックなどのショップ、イベントスペースなどを併設している「LaLa Sewing été」を、京都・下鴨神社にほど近い閑静な住宅地にニューオープン。また、オンラインでのレッスンやショップも好評運営中。著書は『Ladyなデニム』（文化出版局）など多数。

ブックデザイン	林 瑞穂
撮影	有賀 傑
スタイリング	田中美和子
ヘア＆メークアップ	宮坂和典（mod's hair）
モデル	横田美憧
作り方編集	百目鬼尚子
デジタルトレース	しかのるーむ
パターングレーディング	上野和博
パターン配置	近藤博子
作品製作協力	田中芳美　中西直美　アトリエユーバン
校閲	向井雅子
編集	宮﨑由紀子
	平山伸子（文化出版局）

布地提供

・Faux&Cachet Ink.
tel. 072-350-0429
http://www.fauxandcachetinc.com
作品：カバー　1基本　1B　2A　3A　5A　6B

・LaLa Sewing été
tel. 075-708-2682
http://www.lalasewing.com
作品：1C　1D　2C　3B　3C　4C　5B　6基本　6C

・リトルリトアニア
tel. 06-7708-4454
作品：1A　2基本　4基本　4A　5基本　7基本　7A

・the linen bird（リネンバード）
tel. 03-5797-5517
http://www.linenbird.com/
作品：2B　3基本　4B　5C　6A

撮影協力

・GLASTONBURY SHOWROOM
tel.03-6231-0213

・Lea mills agency
tel.03-3473-7007

・Paraboot
tel.03-5766-6688

こだわりのパターンとテクニックで作る
きれいな服

2018年4月22日　第1刷発行
2023年8月28日　第5刷発行

著　者　　香田あおい
発行者　　清木孝悦
発行所　　学校法人文化学園 文化出版局
〒151-8524　東京都渋谷区代々木3-22-1
tel.03-3299-2489（編集）
tel.03-3299-2540（営業）
印刷・製本所　株式会社文化カラー印刷

©Aoi Koda 2018　Printed in Japan
本書の写真、カット及び内容の無断転載を禁じます。

・本書のコピー、スキャン、デジタル化等の無断複製は著作権法上での例外を除き禁じられています。本書を代行業者等の第三者に依頼してスキャンやデジタル化することは、たとえ個人や家庭内での利用でも著作権法違反になります。
・本書で紹介した作品の全部または一部を商品化、複製頒布、及びコンクールなどの応募作品として出品することは禁じられています。
・撮影状況や印刷により、作品の色は実物と多少異なる場合があります。ご了承ください。

文化出版局のホームページ https://books.bunka.ac.jp/